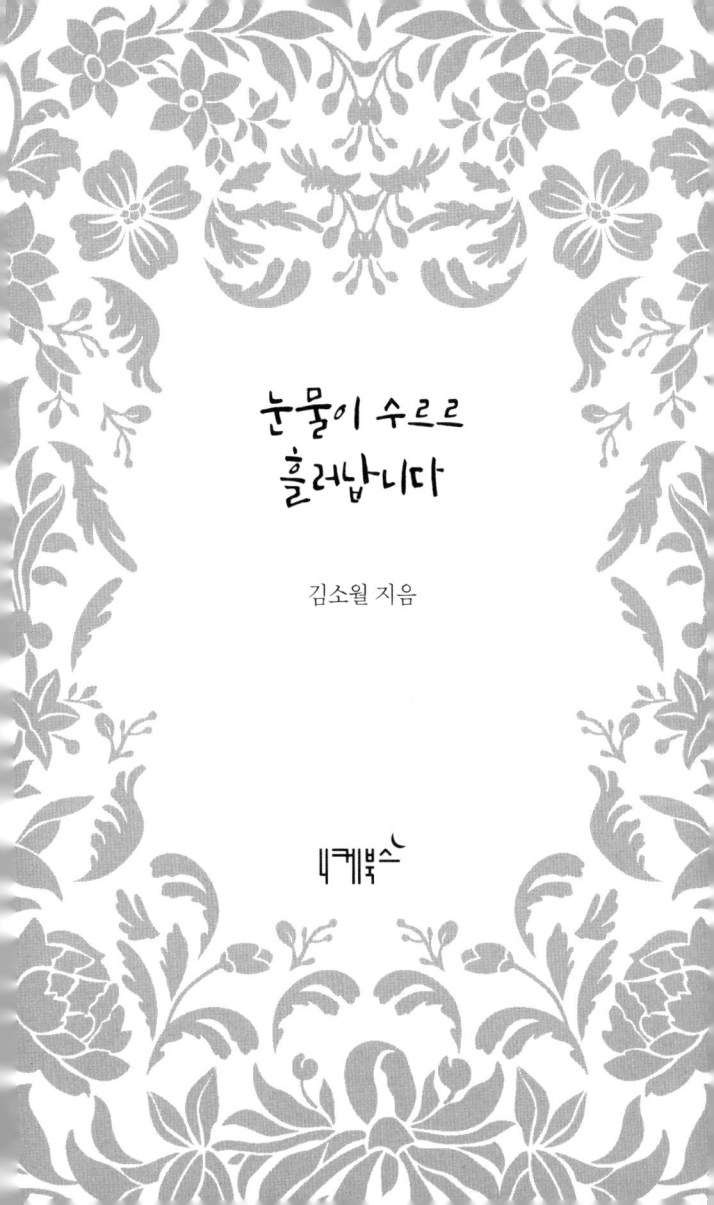

눈물이 수르르 흘러납니다

김소월 지음

내케북스

작가 소개

김소월(金素月, 1902~1934)은 한국 근대시사에서 서정시의 새로운 지평을 연 대표적 시인으로, 특히 민요적 정서와 근대적 자아의식의 결합으로 한국 서정시의 정수를 구현한 인물이다. 본명은 김정식(金廷湜)이며, 평안북도 구성에서 태어났다. 그는 어려서부터 한학을 익혔으나 근대교육을 접하면서 새로운 문학 사조에 관심을 기울였다. 1920년 경성 중앙고등보통학교에 재학 중, 문학평론가 김억을 만나《창조》동인으로 활동하며 시단에 등장했다. 이 만남은 그의 시 세계에 결정적인 영향을 주어 신체시(시조나 한시로는 담아내기 어려운 감정과 시대정신을 표현하기 위해 나타난 과도기 형태의 신시)를 넘어선 자유시 형태의 정착과 민요적 율격의 창조적 변용을 가능케 했다.

김소월의 작품 세계는 전통과 근대, 개인과 민족의 정서가 합쳐진 독창적 서정성으로 특징지어진다. 그는 한국어 고유의 음률과 민요적 리듬을 섬세하게 살려, 당대 독자에게 친숙한 운율감을 제공하면서도 근대적 감각을 가미했다. 대표시 〈진달래꽃〉, 〈초혼〉, 〈산유화〉, 〈엄마야 누나야〉 등은 단순한 향토적 서정에 머물지 않고, 소외·이별·그리움이라는 보편적 정서를 한국적 어법으로 승화시킨 작품으로 평가된다. 특히 〈진달래꽃〉은 전통적인 이별의 한을 근대적 자의식과 결합시켜, 한국 근대시의 전범(典範)으로 자리매김하였다.

김소월은 시집 《진달래꽃》을 통해 한국 근대

시사의 기념비적 이정표를 세웠다. 이 시집은 민요적 정형미와 근대적 정서를 융합한 완성도 높은 서정시의 집약체로, 이후 한국 시단에 지대한 영향을 끼쳤다. 그러나 김소월은 문단 활동을 오래 지속하지 못하고 1934년 12월 33세의 젊은 나이로 삶을 마무리하였다. 생애는 짧았으나 그의 시는 한국 서정시의 본령을 확립하였으며, 오늘날까지도 교과서와 문학 연구에서 핵심 자료로 다뤄진다.

차례

일러두기
- 원문의 한자를 되도록이면 한글로 바꾸었고 이해하기 불가능
  한 경우가 아니라면 원문 자체의 느낌을 생생하게 전달하기 위
  해 방언, 구어체 표현, 옛스러운 표현 등은 그대로 두었다.
- 모든 주석은 편집자 주다.

내가 본 詩人

— 김소월 군을 논함

김동인

나는 소월과 일면식도 없다. 2, 3회의 문통(文通)[1]은 있었지만 그 필적조차 기억에 희미하다.

　내가 소월의 이름을 처음으로 기억한 것은 지금으로부터 8, 9년 전 잡지 《창조(創造)》가 제 5호던가 6호던가쯤 되었을 때였다. 그때 소월은 자기의 스승 안서(岸曙)[2]를 개(介)[3]하여 《창조》에 시를 한 편 투고하였다. 나는 그 원고를 보았다. 그리고 '불용품(不用品)'이라는 적주(赤註)를 달아서 왼편 서랍에 떨어뜨렸다.

　그때에 사용하던 안서의 원고용지는 좀 유다른 것이었다. 괘지(掛紙)와 같이 접는 원고용지로서 가운데는 '안기용고(岸嗜用稿)'라고 인쇄하고 세로와 가로글자를 좇아서 1, 2, 3, 4 번호를 매긴 별[4] 원고용지였었다. 낮은 롤로―루지에다 청색으로 찍었다. 그런데 그때 투고한 소월의

시의 용지는 꼭 안서의 것과 같은데 다만 '안서'라는 글자 대신으로 '소월'이란 글자가 있었을 뿐이었었다.

　시의 내용은 기억치 못하지만 '달이 여사여사 하였어라', '꿈이 여사여사 하여라.' 이러한 것으로서 안서의 졸악(拙惡)한[5] 면만 그대로 흉내낸 것이었었다.

　나는 문예상의 '흉내'라는 것을 경멸하는 사람이었었다. 그래서 그 원고를 집어치우고 소안서(小岸曙)의 장래를 무시하여 버렸다. 그러나 그의 이름만은 기억에 그냥 남아 있었으니 동성동명(同姓同名)의 어떤 기생을 알기 때문이었었다.

　그로부터 2, 3년 뒤였었다. 안서는 그때 낮은 갱지에 아주 보기 싫은 모양으로 진홍색으로 원고용지를 박았다. 그것을 기억하였던 나는 그 뒤 어떤 날 안서의 집에서 그 안서의 원고용지와 꼭

_____
5 옹졸하고 못나며 거친.

같은 소월의 원고용지를 또한 발견하였다.

이 두 번째의 발견은 나로 하여금 제2 안서인 소월의 장래를 영원히 또한 철저히 무시하기를 주저치 않게 하였다. 그때는 기생 김소월의 기억조차 거진 없어져 갈 때였었다. 그러므로 소안서 소월의 기억은 나의 머리에 겨우 흔적뿐이 남았었다.

또한 1년이라는 날짜가 지났다. 어떤 날 잡지 《개벽(開闢)》을 뒤적이던 나는 거기서 소월의 '삭주성(朔州城)'을 보았다. 그리고 재독 삼독을 한 뒤에 책을 내어던지고 탄식하였다.— 사람은 속단이라는 것을 삼갈 것이라고.

삭주성

물로 사흘 배 사흘

먼 삼천리

더더구나 걸어 넘는 먼 삼천리

삭주구성은 산을 넘은 육천리요

물 맞아 함빡히 젖은 제비도
가다가 비에 걸려 오노랍니다
저녁에는 높은 산
밤에 높은 산

삭주구성은 산 넘어
먼 육천리
가끔가끔 꿈에는 사오천리
가다오다 돌아오는 길이겠지요.

서로 떠난 몸이길래 몸이 그리워
님을 둔 곳이길래 곳이 그리워
못 보았소 새들도 집이 그리워
남북으로 오며 가며 아니 합디까.

들 끝에 날아가는 나는 구름은

밤쯤은 어디 바로 가 있을 텐고

삭주구성은 산 넘어

먼 육천리

　

이 시를 나는 재독 삼독하였다. 그러나 돌이켜 생각할 때에 나는 이 시의 어느 점에 반하여 재독 삼독하였나. 말하자면 단(單)히[6] 문자의 유희였었다.

구구(句句)이 뜯어 볼 때에 한 구는 의미를 통할 수가 없었다. 마치 주문과 같은 말을 7·5조로 벌여 놓은 따름이었었다. 그러나 그 전편을 통독한 뒤에 독자의 머리에 걸리는 '통일된 감정'과 천근 같은 무게는 무엇인가.

마치 우리의 유년시대의 꿈과 같이 우리의 온 신경을 누르며 우리의 정열로서 숨 막히게 하는 그 '힘'은 무엇인가.

---

6 한마디로.

앨런 포오[7]의 어떤 소설과 같이 우리로 하여
금 신비적 공포에 몸을 소스라치게 하는 그 마력
은 어디서 나온 것인가.

여기에 소월의 승리가 있다. 수수께끼와 같은
연락 없는 말을 줄로 써놓은 듯하여도 읽은 뒤에
는 독자는 그 신비적 공포에 도취한다.

꿈

꿈? 영(靈)의 해적임, 설움의 고향.
울자, 내 사랑, 꽃 지고 저무는 봄.

생(生)과 사(死)

살았대나 죽었대나 같은 말을 가지고
사람은 살아서 늙어서야 죽나니

---

7 에드거 앨런 포(1809~1849).

그러하면 그 역시(亦是) 그럴듯도 한 일을

하필코 내 몸이라 그 무엇이 어째서

오늘도 산마루에 올라서서 우느냐.

야반(夜半)에 울려오는 인(人)의 통곡성과도 같
이 읽는 사람으로 하여금 소름 끼치게 하는 그
마력, 여기 소월의 승리가 있었다. 조선에 난 시
인으로서 나는 아직껏 소월만치 조선말을 자유
자재로 구사한 사람을 보지를 못하였다.

무심(無心)

시집와서 삼 년

오는 봄은

거친 벌 난 벌에 왔습니다

거친 벌 난 벌에 피는 꽃은

졌다가도 피노라 이릅니다

소식 없이 기다린

이태 삼 년

바로 가던 앞 강(江)이 간 봄부터

굽이 돌아 휘돌아 흐른다고

그러나 말 마소. 앞 여울의

물빛은 예대로 푸르렀소.

시집와서 삼 년

어느 때나

터진 개 개여울의 여울물은

거친 벌 난 벌에 흘렀습니다.

풀따기(의 제2절)

그리운 우리 님은 어디 계신고.

날마다 피어나는 우리 님 생각.

날마다 뒷산에 홀로 앉아서

날마다 풀을 따서 물에 던져요.

님에게(의 마지막 절)

당신을 생각하면 지금이라도

비오는 모래밭에 오는 눈물의

축업은 베갯가의 꿈은 있지만

당신은 잊어버린 설움이외다.

아아! 이와 같이 교묘한 '말의 유희'가 어디 있
을까. 그는 마치 자기가 조선말을 발명한 듯이
기탄없이 자유자재로 썼다.

요한[8]이 신시(新詩)를 개척하여 놓은 뒤에 아
직껏 쓰지 않던 새로운 시 용어가 많이 생겨났

---

8 시인 주요한(1900~1979).

다. 안서가 불시(佛詩)[9]를 소개하고 이어서 자기의 창작도 발표한 뒤부터는 불란서식 감정의 시용어도 많이 나타났다. 그러나 아직껏 순정한 조선 사람의 감정을 나타낼 만한 조선말은 시단상에 나타난 일이 없었다. 소월이 그 첫 길을 열어 놓았다. 뿐만 아니라 소월은 조선 사람의 감정을 알았다.

요한이나 안서의 시에 나타난 감정으로써 좋은 교양을 받은 사람이 아니면 이해할 수가 없는 것이지만 소월의 시에 나타난 감정은 시골 과부들의 노래를 새로운 표현 형식으로 다시 나타낸 따름이었었다. 그리고 그것은 다시 말하자면 조선 재래의 민요 그것이었었다.

---

9 프랑스어 시.

님의 말씀

세월이 물과 같이 흐른 두 달은

길어둔 독엣물도 찌었지마는[10]

가면서 함께 가자 하던 말씀은

살아서 살을 맞는 표적이외다.

봄풀은 봄이 되면 돋아나지만

나무는 밑그루를 꺾은 셈이요,

새라면 두 죽지가 상한 셈이라

내 몸에 꽃필 날은 다시 없구나.

밤마다 닭 소리라 날이 첫 시면

당신의 넋맞이로 나가 볼 때요.

그믐에 지는 달이 산에 걸리면

당신의 길신가리[11] 차릴 때외다.

---

10 썩었다, 상했다.
11 길일(吉日)을 정해 죽은 사람의 명복을 빌어주는 것.

세월은 물과 같이 흘러가지만

가면서 함께 가자 하던 말씀은

당신을 아주 잊던 말씀이지만

죽기 전 또 못 잊을 말씀이외다.

나는 이 시인의 생장을 도무지 모른다. 그러나 그의 시로써 그 윤곽의 암시뿐은 얻을 수가 있다.

요한의 시에서 꽃이면 호박꽃 살구꽃 복사꽃이요 인물이라면 어린 남녀들뿐이요 사랑이라면 달빛이나 꽃에 대한 사랑뿐인 것이 그의 유년시대를 암시하는 것이라 하면 소월에게도 같은 말을 할 수가 있다. 진달래꽃과 많은 갈매기와 어부 바닷놀 뒷산 과부— 이런 것은 그의 유년시대의 환경을 말함이라 볼 수 있다.

이러한 서로 다른 환경 아래서 길러난 두 시인의 시의 차이는 또한 재미있다. 요한의 시를 15, 6세의 소녀의 남모르는 사랑의 애끊는 가슴으로 비길진대 소월의 시는 정욕에 불붙는 과부의 열정으로 볼 수 있다. 아니 이것은 그들의 시 뿐이 이런 것이 아니고 그들의 연애에 대한 관찰과 태도도 또한 이와 같았다.

요한의 '등대'

등대의 불은 꺼졌다 살았다

그대의 마음은 더웠다 식었다

등대는 배가 그리워 그리하는지

그대는 내가 싫어서 그리하는지

배는 그리워도 바위가 막히어

밤마다 타는 불 평생 탈 밖에

싫다고 가는 님은, 가는 님은,

애초에 만나지나 않았던들

《춘원, 요한, 파인 3인집》에서

소월의 '진달래꽃'

나 보기가 역겨워

가실 때에는

말없이 고이 보내 드리우리다.

영변(寧邊)에 약산(藥山)

진달래꽃

아름 따다 가실 길에 뿌리우리다.

가시는 걸음걸음

놓인 그 꽃을

사뿐히 즈려밟고 가시옵소서.

나 보기가 역겨워

가실 때에는

죽어도 아니 눈물 흘리우리다.

'강촌(江村)' 소월의 시, 이하 동(同)

날 저물고 돋는 달에

흰 물이 솰솰······

금모래 반짝······

청(青)노새 몰고 가는 낭군!

여기는 강촌

강촌에 내 몸은 홀로 사네.

말하자면, 나도 나도

늦은 봄 오늘이 다 진(盡)토록

백년처춘(百年妻春)을 울고 가네.

길쎄 저문 나는 선비,

당신은 강촌에 홀로 된 몸.

후살이

홀로 된 그 여자

근일(近日)에 와서는 후살이 간다 하여라.

그렇지 않으랴. 그 사람 떠나서

제이십년(第二十年), 저 혼자 더 살은 오늘

날에 와서야……

모두 다 그럴듯한 사람 사는 일테요.

그의 읊은 모든 노래는 순전한 조선 사람의 감
정이요 촌로(村老)들도 넉넉히 이해할 수 있는
감정이었었다.

일본 가인(歌人) 고빈청(高濱淸)[12] 씨가 조선을
만유(漫遊)[13]하는 동안에 민요 '아리랑'을 듣고
그의 저(著) 《조선》에 말한바 '망국적이라고 말
하고 싶은 애조(哀調)'는 소월의 온갖 시에 풍부
히 나타나 있다. 그리고 그 애조야말로 누누 수
천 년간 향문(鄕間)의 부녀들에게 전하여 내려온
바 그 조선 '미나리'[14]가 가지고 있는 그 애조에

---

12 다카하마 교시: 일본 근대 하이쿠 시인, 평론가.
13 한가로이 이곳저곳을 두루 다니며 구경하고 놂.
14 경상도, 전라도, 충청도 지방에 전해 오는 농부가의 하나. 슬프
   고 처량한 음조를 띤다.

다름없었다.

그리고 그것을 소설 독특의 '희롱'이라고까지 형용하고 싶은 방분(放奔)한[15] 서사 기술로써 적어 놓은 것이 소월의 시였다.

간단하게 말하자면 조선 정조의 진실한 이해자요 조선 감정의 진실한 재현자요 조선말 구치(驅馳)[16]의 귀재(鬼才) — 그것이 우리의 시인 소월이었다.

우리의 속담 말에 '두각을 나타낸다'는 것이 있는 반면에 또한 '옥이라도 갈지 않으면 빛을 못 낸다'는 말이 있다.

김정식(金廷湜) — 소월의 본명 — 이 소안서(小岸曙)에서 소월로 변화한 그것은 '두각을 나타내었'는지 수양으로서인지 알 수 없다. 그러나 중간 시기가 있었음은 짐작할 수가 있다. 나는

15 제멋대로 나아가 거침이 없는.
16 말이나 수레를 타고 달림.

그의 시집《진달래꽃》에서 그 중간 시기의 작품을 골라 보느라고 애를 썼다.

시에 작년월(作年月)이 기입 안 되었으니 짐작할 수가 없었다.

님과 벗

벗은 설움에서 반갑고
님은 사랑에서 좋아라
딸기꽃 피어서 향기로운 때를
고초(苦椒)의 붉은 열매 익어가는 밤을
그대여, 부르라, 나는 마시리,

이러한 몇 편의 시가 그의 중간 시기의 것인지 어떤지는 알 수 없다. 그러나 그의 중간 시기로서 이러한 시작(詩作)의 몇 해가 있었을 것은 짐작된다. 안서식 서사법과 안서식 형용사로 둘러싸인 소월의 본체가 그 차용물인 껍질을 깨뜨리고 애쓴 몇 해가 있었을 줄 안다. 그리고 그 껍질을 깨뜨리고 나타난 것이 〈삭주성(朔州城)〉 시대로부터 지금까지의 소월이었다.

나는 아까 소월을 전연히 모른다 하였다. 개인적으로는 나는 그를 조금 모른다. 그러나 남이 모르는 '여인으로서의 소월'의 일면을 나는 안다.

5년 전에 내가 《영대(靈臺)》[17]를 편집할 때에 소월은 그는 꼭 모필(毛筆)로써 원고를 썼다. 원고와 별편(別便)으로 나에게 편지를 하였다.

그 편지에는 '구절점(句節點)들을 주의하여 원고와 틀림이 없도록 주의하여 달라'는 말이 있었다.

사실 조선에 있어서는 인쇄 기술이 열악하여 인쇄공의 주의로 '입물(込物)[18]' 컴마 등을 약(略)

17 1924년 8월 창간된 문예동인지. 김관호(金觀鎬)·김소월(金素月)·김동인(金東仁)·김억(金億)·김여제(金輿濟)·김찬영(金讚永)·전영택(田榮澤)·이광수(李光洙)·임장화(林長和)·오천석(嗚天錫)·주요한(朱耀翰) 등이 창간에 참여하였다.

도 하고 가(加)도 하며 편자 혹은 교정자의 몰상식으로 작품상 용어의 정정도 하므로 '작품은 인격'이라는 말은 조선서에서는 쓰기가 어려운 바이다.

이러한 것을 특히 별편으로 주의해 보낸 데 소월의 작품에 대한 충실함과 자기 작품을 존경하는 경건한 태도와 긍지를 엿볼 수 있다.

사실 다른 곳에서도 그렇거니와 시에 있어서는 한 구가 위에 붙는 것과 아래 붙는 것으로 그 뜻이 온전히 달라질 것이다.

이상의 누누(屢屢) 수십 어로써 나는 소월에게 대한 말은 대략 썼다.

한 사람을 비평하려면 어찌 요만 것으로 되랴마는 소월의 시인으로서의 일면뿐은 대략 말하였다.

---

18 활자조판에서 행(行) 끝의 빈자리와 행의 공백을 메우는 용구의 하나.

좌우간 그는 자기의 작품에 충실된 사람이다. 조선 정조를 가장 잘 이해하는 사람이고 조선 민중과 시가를 접근시킬 가장 큰 인물이다.

〈한국일보〉, 1929.12.10~12

1장

꿈으로 오는 한 사람

님의 노래

그리운 우리 님의 맑은 노래는
언제나 제 가슴에 젖어 있어요.

긴 날을 문밖에서 서서 들어도
그리운 우리 님의 고운 노래는
해 지고 저물도록 귀에 들려요.
밤들고 잠들도록 귀에 들려요.

고이도 흔들리는 노랫가락에
내 잠은 그만이나 깊이 들어요.
고적한 잠자리에 홀로 누워도
내 잠은 포스근히 깊이 들어요.

그러나 자다 깨면 님의 노래는
하나도 남김없이 잃어버려요.

들으며 듣는 대로 님의 노래는

하나도 남김없이 잊고 말아요.

풀따기

우리 집 뒷산에는 풀이 푸르고
숲 사이의 시냇물, 모래 바닥은
파아란 풀 그림자, 떠서 흘러요.

그리운 우리 님은 어디 계신고.
날마다 피어나는 우리 님 생각.
날마다 뒷산에 홀로 앉아서
날마다 풀을 따서 물에 던져요.

흘러가는 시내의 물에 흘러서
내어던진 풀잎은 옅게 떠갈 제
물살이 헤적헤적 품을 헤쳐요.

그리운 우리 님은 어디 계신고.
가엾은 이내 속을 둘 곳 없어서

날마다 풀을 따서 물에 던지고
흘러가는 잎이나 맘해 보아요.

먼 후일(後日)

먼 훗날 당신이 찾으시면
그때에 내 말이 '잊었노라.'

당신이 속으로 나무라면
'무척 그리다가 잊었노라.'

그래도 당신이 나무라면
'믿기지 않아서 잊었노라.'

오늘도 어제도 아니 잊고
먼 훗날 그때에 '잊었노라.'

밤

홀로 잠들기가 참말 외로와요
맘에는 사무치도록 그리워와요
이리도 무던히
아주 얼굴조차 잊힐 듯해요.

벌써 해가 지고 어둡는대요
이곳은 인천에 제물포, 이름난 곳,
부슬부슬 오는 비에 밤이 더디고
바다 바람이 찹기만 합니다.

다만 고요히 누워 들으면
다만 고요히 누워 들으면
하이얗게 밀어드는 봄 밀물이
눈앞을 가로막고 흐느낄 뿐이야요.

산 위에

산 위에 올라서서 바라다보면
가로막힌 바다를 마주 건너서
님 계시는 마을이 내 눈앞으로
꿈 하늘 하늘같이 떠오릅니다.

흰 모래 모래 비낀 선창(船倉)가에는
한가한 뱃노래가 멀리 잦으며
날 저물고 안개는 깊이 덮여서
흩어지는 물꽃뿐 안득입니다.

이윽고 밤 어두운 물새가 울면
물결조차 하나 둘 배는 떠나서
저 멀리 한바다로 아주 바다로
마치 가랑잎같이 떠나갑니다.

나는 혼자 산(山)에서 밤을 새우고

아침해 붉은 볕에 몸을 씻으며

귀 기울고 솔곳이 엿듣노라면

님 계신 창(窓) 아래로 가는 물노래.

흔들어 깨우치는 물노래에는

내 님이 놀라 일어나 찾으신대도

내 몸은 산(山) 위에서 그 산(山) 위에서

고이 깊이 잠들어 다 모릅니다.

님의 말씀

세월이 물과 같이 흐른 두 달은
길어둔 독엣물도 찌었지마는
가면서 함께 가자 하던 말씀은
살아서 살을 맞는 표적이외다.

봄풀은 봄이 되면 돋아나지만
나무는 밑그루를 꺾은 셈이요,
새라면 두 죽지가 상한 셈이라
내 몸에 꽃필 날은 다시 없구나.

밤마다 닭 소리라 날이 첫 시면
당신의 넋맞이로 나가 볼 때요.
그믐에 지는 달이 산에 걸리면
당신의 길신가리 차릴 때외다.

세월은 물과 같이 흘러가지만
가면서 함께 가자 하던 말씀은
당신을 아주 잊던 말씀이지만
죽기 전 또 못 잊을 말씀이외다.

꿈꾼 그 옛날

밖에는 눈, 눈이 와라,
고요히 창(窓) 아래로는 달빛이 들어라.
어스름 타고서 오신 그 여자(女子)는
내 꿈의 품속으로 들어와 안겨라.
나의 베개는 눈물로 함빡히 젖었어라.
그만 그 여자(女子)는 가고 말았느냐.
다만 고요한 새벽, 별 그림자 하나가
창(窓)틈을 엿보아라.

님에게

한때는 많은 날을 당신 생각에
밤까지 새운 일도 없지 않지만
아직도 때마다는 당신 생각에
축업은[1] 베갯가의 꿈은 있지만

낮 모를 딴 세상의 네길거리에
애달피 날 저무는 갓 스물이요.
캄캄한 어두운 밤 들에 헤매도
당신은 잊어버린 설움이외다.

당신을 생각하면 지금이라도
비오는 모래밭에 오는 눈물의
축업은 베갯가의 꿈은 있지만
당신은 잊어버린 설움이외다.

---

1 축축한.

꿈으로 오는 한 사람

나이 차라지면서[2] 가지게 되었노라

숨어 있던 한 사람이, 언제나 나의,

다시 깊은 잠속의 꿈으로 와라

붉으렷한 얼굴에 가늣한[3] 손가락의,

모르는 듯한 거동(擧動)도 전(前)날의 모양대로

그는 야젓이[4] 나의 팔 위에 누워라

그러나 그래도 그러나!

말할 아무것이 다시 없는가!

그냥 먹먹할 뿐, 그대로

그는 일어라. 닭의 홰치는 소리.

깨어서도 늘, 길거리에 사람을

밝은 대낮에 빗보고는[5] 하노라

———
2 나이 들면서.
3 가느다란.
4 의젓이의 작은 말.
5 착각하여 잘못보다.

예전엔 미처 몰랐어요

봄 가을 없이 밤마다 돋는 달도
'예전엔 미처 몰랐어요.'

이렇게 사무치게 그리울 줄도
'예전엔 미처 몰랐어요.'

달이 암만 밝아도 쳐다볼 줄을
'예전엔 미처 몰랐어요.'

이제금 저 달이 설움인 줄은
'예전엔 미처 몰랐어요.'

개여울의 노래

그대가 바람으로 생겨낫스면—
달 돋는 개여울의 빈 들 속에서
내 옷의 앞자락을 불기나 하지.

우리가 굼벙이로 생겨낫스면—
비 오는 저녁 캄캄한 영기슭의
미욱한 꿈이나 꾸어를 보지.

만일에 그대가 바다 난 끝의
벼랑에 돌로나 생겨낫스면,
둘이 안고 굴며 떨어나지지.

만일에 나의 몸이 불귀신이면
그대의 가슴 속을 밤도와 태워
둘이 함께, 재 되어 스러지지.

꽃촉(燭)불 켜는 밤

꽃촉불 켜는 밤, 깊은 골방에 만나라.

아직 젊어 모를 몸, 그래도 그들은

해 달 같이 밝은 맘, 저저마다 있노라.

그러나 사랑은 한두 번만 아니라,

그들은 모르고.

꽃촉불 켜는 밤, 어스러한 창 아래 만나라.

아직 앞길 모를 몸, 그래도 그들은

솔대 같이 굳은 맘, 저저마다 있노라.

그러나 세상은, 눈물날 일 많아라,

그들은 모르고.

널

성춘(城村)의 아가씨들
널 뛰노나
초파일 날이라고
널을 뛰지요.

바람 불어요.
바람이 분다고!
담 안에는 수양(垂楊)의 버드나무
채색(彩色)줄 층층(層層) 그네 매지를 말아요.

담밖에는 수양의 늘어진 가지
늘어진 가지는
오오 누나!
휘젓이 늘어져서 그늘이 깊소.

좋다 봄날은

몸에 겹지

널 뛰는 성촌의 아가씨네들

널은 사랑의 버릇이라오.

꿈길

물구슬의 봄 새벽 아득한 길
하늘이며 들 사이에 넓은 숲
젖은 향기(香氣) 불긋한 잎 위의 길
실그물의 바람 비쳐 젖은 숲
나는 걸어가노라 이러한 길
밤저녁의 그늘진 그대의 꿈
흔들리는 다리 위 무지개 길
바람조차 가을 봄 걷히는 꿈

2장

진달래꽃

눈

새하얀 흰눈, 가비엽게 밟을 눈,
재가 타서 날릴 듯 꺼질 듯한 눈,
바람엔 흩어져도 불길에야 녹을 눈.
계집의 마음. 님의 마음.

님과 벗

벗은 설움에서 반갑고
님은 사랑에서 좋아라.
딸기꽃 피어서 향기로운 때를
고초(苦草)의 붉은 열매 익어가는 밤을
그대여, 부르라, 나는 마시리.

두 사람

흰눈은 한 잎

또 한 잎

영(嶺) 기슭을 덮을 때.

짚신에 감발[1]하고 길심매고[2]

우뚝 일어나면서 돌아서도……

다시금 또 보이는

다시금 또 보이는.

---

1 버선이나 양말 대신 발에 감는 좁고 긴 무명천.
2 길을 떠날 채비로 옷을 여미어 허리춤을 매다.

맘 켱기는 날

오실 날
아니 오시는 사람!
오시는 것 같게도
맘 켱기는 날!
어느덧 해도 지고 날이 저므네!

몹쓸 꿈

봄 새벽의 몹쓸 꿈

깨고 나면!

우짖는 까막까치, 놀라는 소리,

너희들은 눈에 무엇이 보이느냐.

봄철의 좋은 새벽, 풀이슬 맺혔어라.

볼지어다, 세월은 도무지 편안한데,

두새없는 저 까마귀, 새들게[3] 우짖는 저 까치야,

나의 흉한 꿈 보이느냐?

고요히 또 봄바람은 봄의 빈 들을 지나가며,

이윽고 동산에서는 꽃잎들이 흩어질 때,

말 들어라, 애틋한 이 여자야, 사랑의 때문에는

모두 다 사나운 조짐인 듯, 가슴을 뒤노아라[4].

---

3 목소리 따위가 안으로 기어들어 가다.
4 갈피를 못 잡고 흔들리다.

진달래꽃

나 보기가 역겨워
가실 때에는
말없이 고이 보내 드리우리다.

영변(寧邊)에 약산(藥山)
진달래꽃
아름 따다 가실 길에 뿌리우리다.

가시는 걸음걸음
놓인 그 꽃을
사뿐히 즈려밟고 가시옵소서.

나 보기가 역겨워
가실 때에는
죽어도 아니 눈물 흘리우리다.

초혼(招魂)

산산이 부서진 이름이여!
허공 중에 헤어진 이름이여!
불러도 주인 없는 이름이여!
부르다가 내가 죽을 이름이여!

심중에 남아 있는 말 한마디는
끝끝내 마저 하지 못하였구나,
사랑하던 그 사람이여!
사랑하던 그 사람이여!

붉은 해는 서산마루에 걸리었다.
사슴의 무리도 슬피 운다.
떨어져 나가 앉은 산 위에서
나는 그대의 이름을 부르노라.

설움에 겹도록 부르노라.
설움에 겹도록 부르노라.
부르는 소리는 비껴 가지만
하늘과 땅 사이가 너무 넓구나.

선 채로 이 자리에 돌이 되어도
부르다가 내가 죽을 이름이여!
사랑하던 그 사람이여!
사랑하던 그 사람이여!

부부(夫婦)

오오 안해여, 나의 사랑!

하늘이 묶어준 짝이라고

믿고 살음이 마땅치 아니한가.

아직 다시 그러랴, 안 그러랴?

이상하고 별나운 사람의 맘,

저 몰라라, 참인지, 거짓인지?

정분(情分)으로 얽은 딴 두 몸이라면.

서로 어그점[5] 인들 또 있으랴.

한평생(限平生)이라도 반백년

못 사는 이 인생에!

연분의 긴 실이 그 무엇이랴?

나는 말하려노라, 아무려나,

죽어서도 한 곳에 묻히더라.

———

5 어긋나게 삐뚜로 나가다.

분(粉)얼골

불빛에 떠오르는 샛보얀 얼굴,
그 얼굴이 보내는 호젓한 냄새,
오고가는 입술의 주고 받는 잔,
가느스름한 손길은 아르대여라.

거므스러 하면서도 불그스러한
어렴풋 하면서도 다시 분명한
줄 그늘 위에 그대의 목소리,
달빛이 수풀 위를 떠 흐르는가.

그대하고 나하고 또는 그 계집
밤에 노는 세 사람, 밤의 세 사람,
다시금 술잔 위의 긴 봄밤은
소리도 없이 창 밖으로 새어 빠져라.

애모(愛募)

왜 아니 오시나요.

영창(映窓)에는 달빛, 매화꽃에

그림자는 산란(散亂)히 휘젓는데

아이, 눈 꽉 감고 요대로 잠을 들자.

저 멀리 들리는 것!

봄철의 밀물 소리

물나라의 영롱한 구중궁궐, 궁궐의 오요한 곳,

잠 못 드는 용녀(龍女)의 춤과 노래, 봄철의 밀물

소리.

어두운 가슴속의 구석구석……
환연한 거울 속에, 봄 구름 잠긴 곳에,
소슬비 내리며, 달무리 둘려라.
이대도록 왜 아니 오시나요.
왜 아니 오시나요.

원앙침(鴛鴦枕)

바드득 이를 갈고
죽어 볼까요
창가에 아롱아롱
달이 비친다.

눈물은 새우잠의
팔굽베개요.
봄꿩은 잠이 없어
밤에 와 운다.

두동달이 베개6는
어디 갔는고

---

6 갓 혼인한 부부가 함께 베는 긴 베개.

언제는 둘이 자던 베갯머리에
죽쟈 사쟈 언약도 하여 보았지.

봄뫼의 뫳기슭에
우는 접동도
내 사랑 내 사랑
조히 울것다.

두동달이베개는
어디 갔는고
창가에 아롱아롱
달이 비친다.

월색(月色)

달빛은 밝고 귀뚜라미 울 때는
우둑히 시멋없이 잡고 섰던 그대를
생각하는 밤이여, 오오 오늘밤
그대 찾아 데리고 서울로 가나?

자나 깨나 앉으나 서나

자나 깨나 앉으나 서나
그림자 같은 벗 하나이 내게 있었습니다

그러나 우리는 얼마나 많은 세월을
쓸데없는 괴로움으로만 보내었겠습니까!

오늘은 또 다시, 당신의 가슴속, 속모를 곳을
울면서 나는 휘저어 버리고 떠납니다, 그려.

허수한 맘, 둘 곳 없는 심사에 쓰라린 가슴은
그것이 사랑, 사랑이던 줄이 아니도 잊힙니다.

깊고 깊은 언약

몹쓸은 꿈에 깨여 도라누울 때.
봄이 와서 멧나물도 다 나올 때.
아름답은 젊은 이 압플 지날 때.
니저버렸던 드시 문득스럽게.
얼결에 생각나는 "깊고 깊은 언약"

구름

저기 저 구름을 잡아타면
붉게도 피로 물든 저 구름을,
밤이면 새캄한 저 구름을.
잡아타고 내 몸은 저 멀리로
구만리 긴 하늘을 날아 건너
그대 잠든 품속에 안기렸더니,
애스러라, 그리는 못한대서,
그대여, 들으라 비가 되어
저 구름이 그대한테로 내리거든,
생각하라, 밤저녁, 내 눈물을.

나는 세상 모르고 살았노라

'가고 오지 못한다' 하는 말을
철없던 내 귀로 들었노라.
만수산을 나서서
옛날에 갈라선 그 내 님도
오늘날 뵈올 수 있었으면.

나는 세상 모르고 살았노라.
고락에 겨운 입술로는
같은 말도 조금 더 영리하게
말하게도 지금은 되었건만,
오히려 세상 모르고 살았으면!

'돌아서면 무심타'고 하는 말이
그 무슨 뜻인 줄을 알았으랴,
제석산 붙는 불은 옛날에 갈라선 그 내 님의
무덤의 풀이라도 태웠으면!

눈 오는 저녁

바람 자는 이 저녁
흰눈은 퍼붓는데
무엇하고 계시노
같은 저녁 금년(今年)은……

꿈이라도 꾸면은!
잠들면 만날런가.
잊었던 그 사람은
흰눈 타고 오시네.

저녁 때. 흰눈은 퍼부어라.

3장

눈물이 수르르
흘러납니다

만나려는 심사(心思)

저녁해는 지고서 어스름의 길,
저 먼 산엔 어두워 잃어진 구름,
만나려는 심사는 웬 셈일까요,
그 사람이야 올 길 바이[1] 없는데,
발길은 누 마중을 가잔 말이냐.
하늘엔 달 오르며 우는 기러기.

---

1 아주 전혀.

바람과 봄

봄에 부는 바람, 바람 부는 봄,
작은 가지 흔들리는 부는 봄바람,
내 가슴 흔들리는 바람, 부는 봄,
봄이라 바람이라 이 내 몸에는
꽃이라 술잔이라 하며 우노라.

비단 안개

눈들이 비단 안개에 둘리울 때,
그때는 차마 잊지 못할 때러라.
만나서 울던 때도 그런 날이오,
그리워 미친 날도 그런 때러라.

눈들이 비단 안개에 둘리울 때,
그때는 홀목숨은 못살 때러라.
눈 풀리는 가지에 당치맞귀로
젊은 계집 목매고 달릴 때러라.

눈들이 비단 안개에 둘리울 때,
그때는 종달새 솟을 때러라.
들에랴, 바다에랴, 하늘에서랴,
아지 못할 무엇에 취할 때러라.

눈들이 비단 안개에 둘리울 때,
그때는 차마 잊지 못할 때러라.
첫사랑 있던 때도 그런 날이오
영이별 있던 날도 그런 때러라.

첫치마

봄은 가나니 저문 날에,
꽃은 지나니 저문 봄에,
속없이 우나니 지는 꽃을,
속없이 느끼나니 가는 봄을.
꽃지고 잎진 가지를 잡고
미친듯 우나니, 집난이²는
해 다 지고 저문 봄에
허리에도 감은 첫치마를
눈물로 함빡이 쥐어짜며
속없이 우노나 지는 꽃을,
속없이 느끼노나 가는 봄을.

———
2 시집간 딸.

해가 산마루에 저물어도

해가 산마루에 저물어도
내게 두고는 당신 때문에 저뭅니다.

해가 산마루에 올라와도
내게 두고는 당신 때문에 밝은 아침이라고 할 것
입니다.

땅이 꺼져도 하늘이 무너져도
내게 두고는 끝까지 모두 다 당신 때문에 있습
니다.

다시는, 나의 이러한 맘뿐은, 때가 되면,
그림자같이 당신한테로 가우리다.

오오, 나의 애인이었던 당신이여.

눈물이 수르르 흘러납니다

눈물이 수르르 흘러납니다.
당신이 하도 못 잊게 그리워서
그리 눈물이 수르르 흘러납니다.

잊히지도 않는 그 사람은
아주나 내버린 것이 아닌데도
눈물이 수르르 흘러납니다.

가뜩이나 설은 맘이
떠나지 못할 운(運)에 떠난 것도 같아서
생각하면 눈물이 수르르 흘러납니다.

가는 길

그립다
말을 할까
하니 그리워

그냥 갈까
그래도
다시 더 한 번……

저 산에도 까마귀, 들에 까마귀,
서산에는 해 진다고
지저귑니다.

앞 강물, 뒷 강물,
흐르는 물은
어서 따라 오라고 따라 가자고
흘러도 연달아 흐릅디다려.

그를 꿈꾼 밤

야밤중, 불빛이 발갛게
어렴풋이 보여라.

들리는 듯, 마는 듯,
발자국 소리.
스러져 가는 발자국 소리.

아무리 혼자 누어 몸을 뒤재도
잃어버린 잠은 다시 안와라.

야밤중, 불빛이 발갛게
어렴풋이 보여라.

나의 집

들가에 떨어져 나가 앉은 멧기슭의
넓은 바다의 물가 뒤에,
나는 지으리, 나의 집을,
다시금 큰길을 앞에다 두고.
길로 지나가는 그 사람들은
제가끔 떨어져서 혼자 가는 길.
하이얀 여울 턱에 날은 저물 때,
나는 문간에 서서 기다리리
새벽 새가 울며 지새는 그늘로
세상은 희게, 또는 고요하게
번쩍이며 오는 아침부터
지나가는 길손을 눈여겨 보며,
그대인가고, 그대인가고.

닭은 꼬꾸요

닭은 꼬꾸요, 꼬꾸요 울 제,
헛잡으니 두 팔은 밀려났네.
애도 타리만치 기나긴 밤은……
꿈 깨친 뒤엔 감도록 잠 아니 오네.

위에는 청초(靑草) 언덕, 곳은 깁섬,
엊저녁 대인 남포(南浦) 뱃간.
몸을 잡고 뒤재며 누웠으면
솜솜하게도 감도록 그리워 오네.

아무리 보아도
밝은 등불, 어스렷한데.
감으면 눈 속엔 흰 모래밭,
모래에 어린 안개는 물 위에 슬 제

대동강 뱃나루에 해 돋아 오네.

잊었던 맘

집을 떠나 먼 저곳에
외로이도 다니던 내 심사(心事)를!
바람 불어 봄꽃이 필 때에는,
어쩌타 그대는 또 왔는가.
저도 잊고 나니 저 모르던 그대
어찌하여 옛날의 꿈조차 함께 오는가.
쓸데도 없이 서럽게만 오고 가는 맘.

가을 아침에

어둑한 퍼스렷한[3] 하늘 아래서
회색의 지붕들은 번쩍거리며,
성긋한[4] 섭나무의 드문 수풀을
바람은 오다가다 울며 만날 때,
보일락말락하는 멧골에서는
안개가 어스러히 흘러 쌓여라.

아아 이는 찬비 온 새벽이러라.
냇물도 잎새 아래 얼어붙누나.
눈물에 쌓여 오는 모든 기억은
피흘린 상처조차 아직 새로운
가주난 아기같이 울며 서두는
내 영(靈)을 에워싸고 속살거려라.

———

3 조금 푸르다.
4 물건의 사이나 간격이 꽤 뜬 듯하다.

그대의 가슴속이 가볍던 날
그리운 그 한때는 언제였었노!
아아 어루만지는 고운 그 소리
쓰라린 가슴에서 속살거리는,
미움도 부끄럼도 잊은 소리에,
끝없이 하염없이 나는 울어라.

가을 저녁에

물은 희고 길구나, 하늘보다도.
구름은 붉구나, 해보다도.
서럽다, 높아 가는 긴 들 끝에
나는 떠돌며 울며 생각한다, 그대를.

그늘 깊이 오르는 발 앞으로
끝없이 나아가는 길은 앞으로.
키 높은 나무 아래로, 물 마을은
성긋한⁵ 가지가지 새로 떠오른다.

---

5 조금 성글다.

그 누가 온다고 한 언약(言約)도 없건마는!

기다려 볼 사람도 없건마는!

나는 오히려 못 물가를 싸고 떠돈다.

그 못물로는 놀이 잦을 때.

귀뚜라미

산바람 소리.

찬비 뜯는 소리.

그대가 세상 고락(苦樂) 말하는 날 밤에,

순막집[6] 불도 지고 귀뚜라미 울어라.

---

6 초가집.

4장

맘에 속의 사람

못 잊어

못 잊어 생각이 나겠지요,
그런대로 한세상 지내시구려,
사노라면 잊힐 날 있으리다.

못 잊어 생각이 나겠지요,
그런대로 세월만 가라시구려,
못 잊어도 더러는 잊히오리다.

그러나 또 한긋 이렇지요,
'그리워 살뜰히 못 잊는데,
어쩌면 생각이 떠지나요?'

새벽

낙엽이 발이 숨는 못물가에
우뚝우뚝한 나무 그림자
물빛조차 어섬푸레히 떠오르는데,
나 혼자 섰노라, 아직도 아직도,
동녘 하늘은 어두운가.
천인(天人)에도 사랑 눈물, 구름 되어,
외로운 꿈의 베개, 흐렸는가
나의 님이여, 그러나 그러나
고이도 붉으스레 물 질러 와라
하늘 밝고 저녁에 섰는 구름.
반달은 중천에 지새일 때.

개여울

당신은 무슨 일로
그리합니까?
홀로이 개여울에 주저앉아서

파릇한 풀포기가
돋아나오고
잔물은 봄바람에 헤적일 때에

가도 아주 가지는
않노라시던
그러한 약속이 있었겠지요.

날마다 개여울에

나와 앉아서

하염없이 무엇을 생각합니다.

가도 아주 가지는

않노라심은

굳이 잊지 말라는 부탁인지요.

맘에 속의 사람

잊힐 듯이 볼 듯이 늘 보던 듯이
그립기도 그리운 참말 그리운
이 나의 맘에 속에 속 모를 곳에
늘 있는 그 사람을 내가 압니다.

인제도 인제라도 보기만 해도
다시 없이 살뜰할 그 내 사람은
한두 번만 아니게 본 듯하여서
나자부터 그리운 그 사람이요.

남은 다 어림없다 이를지라도
속에 깊이 있는 것 어찌하는가,
하나 진작 낯모를 그 내 사람은
다시 없이 알뜰한 그 내 사람은

나를 못 잊어하여 못 잊어하여
애타는 그 사랑이 눈물이 되어,
한끝 만나리 하는 내 몸을 가져
몹쓸음을 둔 사람, 그 나의 사람……

그리워

봄이 다 가기 전,
이 꽃이 다 흙기 전,
그린 님 오실까구
뜨는 해 지기 전에.

엷게 흰 안개 새에
바람은 무겁거니,
밤샌 달 지는 양지
어제와 그리 같이

붙일 길 없는 맘세,
그린 님 언제 뵐런,
우는 새 다음 소린,
늘 함께 든사오면.

외로운 무덤

그대 가자 맘속에 생긴 이 무덤
봄은 와도 꽃 하나 안 피는 무덤.

그대 간 지 십 년에 뭐라 못 잊고
제철마다 이다지 생각 새론고.

때 지나면 모두 다 잊는다 하나
어제런 듯 못 잊을 서러운 그 옛날.

안타까운 이 심사 둘 곳이 없어
가슴 치며 눈물로 봄을 맞노라.

동경하는 애인

너의 붉고 부드러운
그 입술에보다
너의 아름답고 깨끗한
그 혼에다
나는 뜨거운 키스를……
내 생명의 굳센 운율은
너의 조그마한 마음속에서
그침없이 움직인다.

성색(聲色)

아무것도 보지 않으려고 눈 감아도
그 얼굴, 얄망궂은 그 얼굴이
또 온다, 까부른다, 해죽이 웃으며.
그대여, 비키라. 나는 편이 쉬려고 한다.

아무것도 보지 않으려고 이불을 추켜 써도
꼬꾸닥 한다. 이불 속에서 넋맞이 닭이.
징 북은 쿵다쿵 꽹. ‘네가 나를 잊느냐’.
그대여, 끊지라. 나는 편이 쉬려고 한다.

이것저것 다 잊었다고 꿈을 꾸니
산(山)턱에 청기와집 중들이 오락가락.
여기서도 그 얼굴이 꼬깔 쓰고 ‘나무아미타불’.
오오 넋이여. 그대도 쉬랴. 나도 편이 쉬려고 한다.

길차부

가랴 말랴 하는 길이었길래, 차부[1]조차 더디인
것이 아니에요.
오, 나의 애인이여!
안타까워라. 일과 일은 꼬리를 맞물고, 생기는
것 같습니다, 그려. 그렇지 않고야 이 길이 왜 이
다지 더디일까요.
어렷두렷하였달지, 저리도 해도 산머리에서 바
재이고[2] 있습니다. 그런데 왜, 아직아직 내 조그
마한 가슴속에는 당신한테 일러둘 말이 남아 있
나요.
오, 나의 애인이여!
나를 어서 놓아 보내주세요. 당신의 가슴속이 나
를 꽉 붙잡습니다. 길심 매고 감발하는 동안, 날

---

1 채비.
2 이것저것 자꾸 재다.

은 어둡습니다. 야속도 해라, 아주아주 내 조그만 몸은 당신의 소용대로 내어 맡겨도, 당신의 맘에는 기쁘겠지요. 아직아직 당신한테 일러둘 말이 내 조그만 가슴에 남아 있는 줄을 당신이야 왜 모를라구요. 당신의 가슴속이 나를 꽉 붙잡습니다.

그러나 오, 나의 애인이여!

사랑의 선물

님 그리고 방울방울 흘린 눈물
진주 같은 그 눈물을
썩지 않는 붉은 실에
꿰이고 또 꿰여
사랑의 선물로서
님의 목에 걸어줄라.

가는 봄 삼월

가는 봄 삼월, 삼월은 삼질[3]
강남 제비도 안 잊고 왔는데.
아무렴은요
설게 이때는 못 잊게, 그리워.

잊으시기야, 했으랴, 하마 어느새,
님 부르는 꾀꼬리 소리,
울고 싶은 바람은 점도록 부는데
설리도 이때는
가는 봄 삼월, 삼월은 삼질

---

3 셋째, 세 번째.

작품 해설

  김소월은 한국 근대시의 가장 순수한 서정적
목소리를 남긴 시인이다. 그는 일찍이 스승 김억
으로부터 새로운 시의 형식을 배웠고, 서구 상징
주의의 영향을 접했으나, 그 속에서 자신만의 고
유한 시 세계를 구축했다. 그 세계의 중심에는
언제나 '사랑'이라는 주제가 놓여 있다. 그러나
김소월의 사랑은 흔히 생각하는 달콤하고 환희
로운 연애가 아니다. 그의 시에서 사랑은 언제나
상실과 이별, 그리움과 체념을 전제로 한다. 바
로 이 지점에서 소월의 연애시는 한국인의 정서

와 깊이 맞닿으며, 세대를 넘어 지금까지도 애송되는 생명력을 얻는다.

소월의 연애시는 크게 두 가지 특징을 가진다. 첫째는 사랑의 성취보다는 부재를 중심으로 한다는 점이다. 그의 시 속에서 사랑은 이루어지지 못하거나 이미 끝나버린 상태이다. 떠나는 임을 붙잡지 못하고 보내야 하는 순간, 잊으려 해도 끝내 지워지지 않는 기억, 죽음으로 인해 단절된 관계가 그의 시에서 되풀이된다. 둘째는 그 부재를 원망하지 않고 체념 속에서 받아들이는 태도다. 이별은 고통이지만, 화자는 그 고통을 차분히 노래하며 오히려 사랑의 숭고함을 드러낸다. 이러한 태도는 전통 가사와 민요에서 이어져 온 한국적 애련(哀戀)의 정조와 맞닿는다.

언어와 형식의 측면에서도 김소월은 특별하다. 그는 시어를 최대한 평이하게 사용했다. 일상 언어에서 길어 올린 간결한 어휘, 반복과 대구법을 활용한 운율은 마치 입에서 흘러나오는 노래처럼 들린다. 이는 그의 연애시가 대중적으로 널리 사랑받은 가장 큰 이유다. 이러한 민요적 리듬은 구비 전승의 노래를 계승하면서도 근대 서정시의 새로운 가능성을 열었다.

특히 주목할 점은 소월의 연애시가 종종 여성적 어조를 띤다는 사실이다. 기다림과 체념, 애달픔 같은 정서는 전통적으로 여성 화자의 목소리를 통해 표현되어 왔다. 소월은 이를 능숙하게 차용함으로써, 자신의 시가 특정 성별에 한정되지 않고 인간 보편의 정서로 확장되게 했다. 이 때문에 그의 연애시는 남녀 누구에게나 공감과 울림을 준다.

또한 소월의 연애시는 개인적 사랑의 고백을 넘어 민족적 정서와도 연결된다. 일제강점기라는 시대적 상황 속에서, 개인이 겪는 사랑의 상실과 기다림은 곧 나라를 잃은 민족의 슬픔과도 맞닿았다. 그래서 그의 연애시는 단순한 감상시가 아니라, 공동체적 울림을 지닌 노래가 되었다.

숭고한 사랑으로 승화된 이별의 순간

대표작 〈진달래꽃〉은 김소월 연애시의 특징을 가장 잘 보여준다. 떠나는 임을 원망하기보다, 오히려 진달래꽃을 뿌려 배웅하겠다는 화자의 태도는 단순한 체념을 넘어선 숭고한 사랑의 모습이다. 꽃은 단순한 식물이 아니라, 화자의 눈물이자 마음을 대신하는 상징이다. 이별의 순간을 의식화하여 노래로 승화시킨 점에서, 〈진달래꽃〉은 한국인의 이별 정서를 가장 완벽하게 형상화한 작품으로 평가된다.

소박한 언어로 풀어낸 서러움과 그리움

〈풀따기〉는 화려한 수사보다 단순하고 소박한 언어로 감정을 전달한다. "님은 어디 계신고"라는 구절에서 느껴지는 공허함은 단순한 이별을 넘어 삶의 결핍과 사랑의 안타까움을 함께 담고 있다. 민요적 운율과 반복은 독자에게 친숙함을 주면서, 그 안에 담긴 서러움과 그리움을 더욱 진하게 느끼게 한다. 시 전체를 관통하는 이러한 언어적 특징은 소월의 연애시를 읽는 즐거움과 감동을 더한다.

담담한 어조 속 깊은 애절함

〈눈물이 수르르 흘러납니다〉는 김소월 연애시의 정수를 보여준다. 사랑의 감정이 극에 달하면 울음으로 터져 나오기 마련인데, 소월의 화자는 울부짖지 않고 그저 눈물이 '수르르' 흘러내린다고 고백한다. 이 담담한 어조 속에는 오히려 더 깊은 애절함이 배어 있다. 떠나간 이를 잊지 못하는 마음, 그러나 다시는 붙잡을 수 없는 무력감이 눈물의 흐름으로 형상화된다. 사랑의 슬픔을 가장 단순하면서도 가장 서정적으로 표현한 작품이라 할 수 있다.

현실을 넘어 꿈에서 이어지는 사랑

〈꿈으로 오는 한 사람〉은 현실에서 끝내 이어질 수 없는 사랑을 꿈의 세계로 불러들인다. 화자는 잠들었을 때마다 잃어버린 연인이 꿈속으로 찾아온다고 말한다. 낮에는 만날 수 없는 그이가 밤마다 꿈으로 다가와 함께하는 순간, 사랑은 다시금 살아나고, 사라졌던 기억은 새롭게 피어난다. 그러나 새벽이 밝고 닭이 울면 그 모든 것은 흩어지고, 화자는 또다시 외로운 현실로 돌아와야 한다. 이 시는 사랑이 현실에서 완성되지 못할 때, 그리움이 어떻게 다른 차원에서 지속되는지를 보여준다.

생사의 경계를 넘어선 절절한 사랑

〈초혼〉에서는 죽은 이를 향한 간절한 부름 속에서 사랑의 강렬함과 애절함을 느낄 수 있다.

"부르다가 내가 죽을 이름이여!"라는 구절은 사랑이 생사의 경계마저 넘어선다는 것을 보여주며, 연애시의 감정이 개인적 경험을 넘어 삶과 존재의 의미로 확장됨을 느끼게 한다. 시 전체에서 죽음과 그리움, 사랑의 절절함이 교차하며 독자에게 깊은 여운을 남긴다.

왜 지금 소월의 시인가?

김소월의 시를 읽으면, 독자는 과거의 시인과 마음을 공유하고, 오늘의 사랑과 이별을 다시금 돌아보게 된다. 조용히 흐르는 눈물, 떠나는 이를 배웅하는 마음, 잠시 피었다 지는 순간의 사랑…… 시집 전체가 하나의 정서적 흐름을 이루며 독자를 감정의 여행으로 안내한다. 각 작품의 시적 정서는 서로 연결되어, 연애의 다양한 얼굴과 감정의 미묘함을 풍부하게 보여준다. 디지털 시대를 사는 현대인도 여전히 사랑의 설렘과 이별의 아픔, 돌아오지 않는 기다림과 끝내 잊히지 않는 기억을 경험한다.

김소월은 가장 평범한 언어로 가장 깊은 감정을 노래했기에, 그의 연애시는 세대를 넘어 영원한 공감을 얻고 있다.

불멸의 연애 시리즈 02

눈물이 수르르 흘러납니다

초판 1쇄 발행 2025년 10월 20일

지은이 김소월
펴낸이 이혜경
기획·관리 김혜림
편집 변묘정, 박은서
디자인 여혜영
마케팅 양예린

펴낸곳 니케북스
출판등록 2014년 4월 7일 제300-2014-102호
주소 서울시 종로구 새문안로 92 광화문 오피시아 1717호
전화 (02) 735-9515
팩스 (02) 6499-9518
전자우편 nikebooks@naver.com
블로그 blog.naver.com/nikebooks
페이스북 facebook.com/nikebooks
인스타그램 (니케북스) @nike_books
             (니케주니어) @nikebooks_junior

© 니케북스 2025

ISBN 979-11-94706-22-9 02810